Brochettes
gourmandes pour l'apéritif

Julie Schwob
Photographies d'Alexandra Duca

Albums
LAROUSSE

Sommaire

Vous pouvez remplacer les piques à brochette par des branches de laurier-sauce en conservant quelques feuilles pour le côté esthétique.

Tomates-mozzarella aux herbes

PRÉPARATION : 10 MIN

MARINADE : 10 MIN

CUISSON : 1 OU 2 MIN

POUR 4 MINI-BROCHETTES

> 12 tomates confites à l'huile d'olive
> 1/2 bouquet de basilic
> 1 gousse d'ail
> 1 cuill. à café de thym frais
> 12 mini-boules de mozzarella (bocconcini)
> sel et poivre du moulin

> piques à brochette

Égouttez les tomates confites et conservez leur huile pour la marinade. Hachez grossièrement le basilic.

Préparez la marinade. Versez l'huile des tomates dans un petit saladier, ajoutez l'ail écrasé, le basilic, le thym, du sel et du poivre. Faites-y mariner les boules de mozzarella 10 minutes.

Montez 4 brochettes en alternant tomates confites et mozzarella. Faites-les cuire 1 ou 2 minutes au barbecue ou sous le gril du four. Servez aussitôt.

Pour déguster ces brochettes en entrée, servez-les sur un lit de roquette parsemée de pignons de pin et assaisonnée d'huile d'olive et de vinaigre balsamique.

Pour cette recette toute croquante, les piques sont remplacées par des carottes. Quel plaisir alors de croquer des brochettes tout entières !

Légumes tout croquants, tout crus

PRÉPARATION : 20 MIN

PAS DE CUISSON

POUR 12 MINI-BROCHETTES

> 2 carottes assez grosses (ou 12 mini-carottes)
> 1 poivron rouge
> 1 poivron jaune
> 1 concombre
> une douzaine de radis roses
> une douzaine de tomates cerises rouges et jaunes
> sel et poivre du moulin

Pour la sauce au piment et à la coriandre

> 1 bouquet de coriandre fraîche
> 1 yaourt brassé nature
> 1 petite cuill. à café de purée de piment (ou 1 cuill. à café de harissa)

Pour la sauce à la moutarde et aux algues

> 1 cuill. à soupe de moutarde à l'ancienne
> 1 yaourt brassé nature
> 1 cuill. à soupe d'algues kombu ou nori déshydratées (ou d'estragon et de thym)

> une pique à brochette en métal un peu large

Pelez les carottes, lavez les autres légumes. Taillez les carottes en longs et fins bâtonnets de 5 mm d'épaisseur. Ils serviront de piques à brochette pour les autres légumes.

Découpez les poivrons en carrés de 1 cm de côté et le concombre en fines rondelles. Incisez l'extrémité des radis en fleur à l'aide d'un petit couteau puis plongez-les dans un bol d'eau froide quelques minutes pour que les « pétales » s'ouvrent.

À l'aide de la pique à brochette en métal, faites des trous dans les légumes, ce qui vous permettra ensuite de les enfiler aisément sur les bâtonnets de carotte. Composez des brochettes en piquant concombre, poivron, tomates et en terminant par les « fleurs » de radis rose.

Préparez les sauces. Pour la sauce au piment, commencez par hacher grossièrement les feuilles de coriandre. Dans un bol, mélangez le yaourt et la purée de piment, ajoutez la coriandre. Salez et poivrez. Pour la sauce à la moutarde et aux algues, commencez par émietter les algues séchées puis mélangez simplement l'ensemble des ingrédients. Salez et poivrez.

Chacun peut ensuite tremper sa brochette dans la sauce !

Cette recette ne nécessite aucune cuisson, aussi amusez-vous à utiliser les piques les plus fantaisistes : gressins, branches de céleri, bretzel... et pourquoi pas des branches de fenouil ?

Petits chèvres aux fruits secs et aux graines

PRÉPARATION : 10 MIN

PAS DE CUISSON

POUR 4 MINI-BROCHETTES

> 4 bûchettes de fromage de chèvre
> 2 cuill. à soupe de pistaches non salées
> 2 cuill. à soupe de raisins secs
> 2 cuill. à soupe de graines de fenouil

> piques à brochette

Coupez chaque bûchette de chèvre en 3 rondelles un peu épaisses. Hachez grossièrement les pistaches, faites de même pour les raisins.

Placez chaque assaisonnement dans une petite assiette. Posez 4 rondelles de chèvre dans chaque assiette en les pressant légèrement pour que les petits morceaux de pistache ou de raisin ou les graines de fenouil adhèrent bien au fromage.

Enfilez 3 rondelles de fromage différentes sur chaque brochette. Servez-les crues avec de la mâche ou une salade de jeunes pousses.

Le bleu du Vercors est un fromage au lait de vache, à pâte persillée, qui bénéficie d'une appellation d'origine contrôlée. Il est délicieux au lait cru. Si vous n'en trouvez pas, remplacez-le par du morbier, mais…

Figues, noix et bleu du Vercors

PRÉPARATION : 5 MIN

CUISSON : 2 OU 3 MIN

POUR 8 MINI-BROCHETTES

> 100 g de bleu du Vercors au lait cru
> 50 g de brisures de noix (idéalement de Grenoble !)
> 4 figues fraîches
> 8 cuill. à café de miel liquide de sapin

> piques à brochette

Coupez le fromage en cubes de 2 cm de côté. Déposez-les dans les brisures de noix en appuyant légèrement pour que les noix s'enfoncent dans le fromage.

Lavez les figues et coupez chacune en deux.

Montez les brochettes en piquant 1 demi-figue et 1 cube de bleu.

Faites cuire les brochettes à la poêle à feu doux 1 ou 2 minutes, le temps que le fromage se mette à fondre. Retirez-les du feu et ajoutez 1 cuillerée à café de miel dans le creux des figues.

Vous pouvez déguster ces brochettes en dessert sucré-salé, accompagnées d'une salade frisée ou d'une salade d'épinards.

Excellente source de protéines, le tofu remplace allègrement les viandes, surtout s'il est associé à des pâtes, du riz ou à des légumineuses. Pour le cuisinier en brochettes, choisissez-le de consistance ferme.

Tofu sauce piquante

PRÉPARATION : 20 MIN

CUISSON : 15 MIN ENVIRON

POUR 8 MINI-BROCHETTES

> 400 g de tofu ferme
> 50 cl d'huile de pépins de raisin (ou d'huile pour friture)
> 2 cuill. à soupe d'huile d'arachide
> 1 gousse d'ail
> 2 tiges de cives fraîches
> 2 cuill. à soupe de sauce soja
> 2 cuill. à soupe de sauce hoisin
> 1 cuill. à soupe de vinaigre de riz
> 1 cuill. à café de purée de piment
> quelques tiges de coriandre fraîche

> piques à brochette

Coupez le tofu en cubes de 2 cm de côté.

Faites chauffer l'huile dans une poêle, dans un wok ou dans une friteuse. Plongez-y les cubes de tofu et faites-les cuire jusqu'à ce qu'ils soient dorés. Retirez-les et déposez-les sur du papier absorbant.

Pressez l'ail et hachez grossièrement les cives. Dans un wok (ou dans une poêle), mettez à chauffer l'huile d'arachide et faites-y revenir l'ail. Ajoutez la sauce soja, la sauce hoisin, le vinaigre et le piment. Remuez puis ajoutez les cubes de tofu et les cives. Mélangez pour bien enrober le tofu de sauce. Retirez du feu.

Enfilez les cubes de tofu sur des piques à brochette. Saupoudrez de coriandre ciselée et servez rapidement.

Cette recette rappelle le retour de pêche dans les calanques, le soleil et le plaisir de se retrouver au cabanon pour partager un poisson. Laissez-vous porter par les saveurs méditerranéennes et profitez du bon temps.

Filet de rouget au pastis

PRÉPARATION 10 MIN

MARINADE : 30 MIN

CUISSON : 10 MIN

POUR 8 MINI-BROCHETTES

> 8 filets de rouget-barbet
> 2 fenouils
> 3 cuill. à soupe d'huile d'olive
> 50 g de beurre

Pour la marinade

> 1 oignon blanc
> 1 bouquet de basilic
> 4 cuill. à soupe d'huile d'olive
> jus de 2 citrons
> 2 bouchons de pastis

> piques à brochette

Rincez les filets de poisson. Lavez les fenouils et coupez chacun en 4 tranches de 1 cm d'épaisseur.

Préparez la marinade. Pelez l'oignon et émincez-le finement. Hachez grossièrement le basilic. Dans saladier, mélangez l'huile d'olive, le jus des citrons, le pastis, l'oignon et le basilic.

Mettez les filets de poisson et les tranches de fenouil dans la marinade et retournez-les pour bien les en enrober. Laissez mariner 30 minutes.

Enfilez chaque filet sur une brochette. Faites-les cuire à la poêle avec 1 cuillerée à soupe d'huile d'olive et 25 g de beurre, pendant 2 minutes de chaque côté. Retirez du feu et maintenez au chaud.

Piquez les tranches de fenouil dans l'épaisseur. Faites-les cuire et dorer dans la même la poêle, dans l'huile et le beurre restants.

Servez les brochettes de fenouil et les brochettes de rouget ensemble. Pour déguster ces rougets en plat principal, prévoyez 4 filets par personne.

Voici deux idées de mini-sandwiches à présenter en brochettes. N'hésitez pas à les décliner selon vos goûts. Et si vous souhaitez donner des formes plus amusantes à ces sandwiches, utilisez des emporte-pièce pour découper vos pains.

Mini-mini-sandwiches

PRÉPARATION : 20 MIN

CUISSON : 10 MIN ENVIRON

POUR 4 BROCHETTES

Pour 4 mini-sandwiches russes

> 2 cuill. à soupe de crème fraîche épaisse
> 2 branches d'aneth
> 1 cuill. à café de baies roses
> 1 pincée de sel
> 8 mini-blinis
> 4 petites tranches de saumon fumé

Pour 4 mini-club-sandwiches

> 3 tranches de pain de mie, sans croûte
> 3 cuill. à café de sauce tartare (ou de mayonnaise)
> 2 fines tranches de poitrine fumée
> 4 tomates cerises
> 1 laitue sucrine
> 50 g d'émincé de poulet grillé tout prêt (ou des lamelles de blanc de poulet cuit)
> 2 lamelles d'emmental
> 2 cuill. à café de germes de betterave (ou d'alfafa ou de petites feuilles de mâche)
> sel et poivre du moulin

> piques à brochette

Préparez la sauce des sandwichs russes en mélangeant à la fourchette, dans un bol, la crème fraîche, l'aneth ciselé, les baies roses et le sel. Tartinez les blinis de cette sauce.

Réalisez le montage du premier sandwich, en plaçant 1 tranche de saumon entre 2 blinis. Faites de même pour les autres sandwiches.

Préparez les club-sandwiches. Faites dorer les tranches de pain de mie dans un grille-pain (ou bien placez-les 2 minutes sous le gril du four). Tartinez ces toasts de sauce tartare. Dans une poêle, faites dorer à feu vif les tranches de poitrine fumée puis déposez-les sur du papier absorbant. Coupez les tomates cerises en deux.

Réalisez le montage du sandwich en posant sur le premier toast la poitrine grillée, 1 feuille de laitue et 2 demi-tomates. Recouvrez avec le deuxième toast, sur lequel vous poserez les lamelles de poulet, les lamelles d'emmental et les germes de betterave ; terminez en posant dessus le dernier toast. Coupez le sandwich en quatre à l'aide d'un grand couteau bien tranchant.

Préparez 4 brochettes, chacune comprenant 1 mini-sandwich russe et 1 mini-club-sandwich bien piqués en leur centre. Servez aussitôt.

La marinade de lait de coco et de citron vert fait « cuire » le thon à froid et apporte une note de fraîcheur très appréciable par grande chaleur. On peut préparer de la même façon des brochettes d'espadon ou de requin.

Thon mariné comme à Papeete

PRÉPARATION : 20 MIN

MARINADE : 5 MIN

PAS DE CUISSON

POUR 12 MINI-BROCHETTES

> 200 g de thon très frais (rouge ou blanc)
> 1 citron vert
> 20 cl de lait de coco
> 1/2 tomate
> 1/2 carotte
> poivre du moulin

> piques à brochette

Rincez et épongez le thon. Coupez-le en cubes de 2 cm de côté.

Préparez la marinade. Pressez le citron vert. Versez le jus obtenu dans un saladier, ajoutez le lait de coco et poivrez. Déposez les cubes de thon dans cette marinade et retournez-les pour bien les enrober. Laissez mariner 5 minutes.

Sortez le thon de la marinade et enfilez les cubes sur les piques à brochette.

Détaillez la tomate en petits dés et râpez très finement la carotte. Ajoutez-les à la marinade restante pour en faire une sauce dans laquelle vous tremperez les brochettes.

Les saint-jacques et la vanille forment une belle alliance de saveurs. Autre possibilité à essayer : la cannelle. Dans ce cas, ce sont de fins bâtons de cannelle qui pourront devenir des piques à brochette originales et parfumées.

Noix de saint-jacques à la vanille

PRÉPARATION : 10 MIN
CUISSON : 10 MIN ENVIRON

POUR 4 MINI-BROCHETTES

- 2 gousses de vanille
- 1 oignon blanc
- 50 g de beurre
- 4 écorces d'oranges confites
- 20 cl de lait de coco
- 12 noix de saint-jacques, sans corail
- sel et poivre du moulin

Préchauffez le four à 60 °C (therm. 2-3).

Coupez les gousses de vanille en deux dans la longueur. Grattez les graines et réservez-les. Faites durcir les demi-gousses sur la plaque du four pendant quelques minutes.

Préparez la sauce d'accompagnement. Pelez et émincez finement l'oignon. Dans une casserole, mettez à fondre 25 g de beurre et faites-y revenir l'oignon à feu doux. Coupez les écorces d'orange en petits dés et ajoutez-les à l'oignon. Faites légèrement caraméliser l'ensemble ; salez et poivrez. Ajoutez le lait de coco et les graines de vanille, mélangez et ôtez du feu. Couvrez pour garder la sauce au chaud.

Piquez 3 noix de saint-jacques sur chaque demi-gousse de vanille desséchée. Faites-les saisir à la poêle dans le reste de beurre frémissant, 2 minutes de chaque côté.

Dégustez en trempant les brochettes dans la sauce à la vanille et à l'orange. Pour les servir en plat principal, prévoyez 6 noix de saint-jacques par personne et proposez en accompagnement du boulgour parsemé de dés de citron et d'orange confits.

Dans ces brochettes aux accents asiatiques, vous pouvez remplacer les piques en bois par des tiges de citronnelle. Au préalable, transpercez les gambas avec une pique en métal pour faciliter le passage de la citronnelle.

Gambas à la citronnelle

PRÉPARATION : 30 MIN

MARINADE : 15 MIN

CUISSON : 10 MIN

POUR 12 MINI-BROCHETTES

> 12 gambas crues, fraîches ou décongelées
> 1 tige de citronnelle
> 1 citron vert
> 1 bouquet de coriandre
> 1 gousse d'ail
> un morceau de galanga (ou de gingembre) de 2 cm de long
> 15 cl de lait de coco
> 2 cuill. à café de purée de piment rouge
> 25 g de beurre
> 3 feuilles de brick
> sel et poivre du moulin

> petites piques en bois

Préchauffez le four à 210 °C (therm. 7). Décortiquez les gambas en laissant la queue intacte.

Retirez les feuilles sèches de citronnelle, coupez le talon, puis hachez finement 5 cm de tige. Prélevez quelques lanières de zeste du citron vert et émincez-les finement. Pressez la moitié du fruit. Hachez grossièrement la coriandre. Pressez l'ail. Pelez le galanga et hachez-le.

Mettez ces ingrédients dans un saladier. Versez le lait de coco et ajoutez la purée de piment ; salez, poivrez et mélangez. Déposez les gambas dans le saladier et laissez-les mariner 15 minutes.

Faites fondre le beurre quelques secondes au four à micro-ondes à pleine puissance. À l'aide d'un pinceau, badigeonnez-en les feuilles de brick. Coupez chaque feuille en quatre lanières, puis pliez chaque lanière en deux.

Placez 1 gamba et un peu de marinade sur chaque lanière de feuille de brick. Roulez celle-ci autour de la gamba, sans la recouvrir complètement. Embrochez les gambas sur les piques de sorte que les lanières tiennent bien.

Faites cuire les brochettes 10 minutes au four ou sur le barbecue en les retournant à mi-cuisson. Servez-les aussitôt.

Pour faire un petit plat, faites sauter les gambas marinées à la poêle, sur feu vif. Servez-les avec une salade de dés d'ananas et de papaye verte râpée. Prévoyez de 4 à 6 gambas par personne.

Pour un voyage express en terre exotique, le chutney à la mangue allié à la sauce soja est parfait. Vous découvrirez une saveur sucrée-salée-pimentée qui excitera vos papilles. Ceux qui aiment les plats très relevés pourront ajouter quelques cuillerées de purée de piment rouge.

Crevettes au chutney comme à Bombay

PRÉPARATION : 10 MIN

MARINADE : 5 MIN

CUISSON : 10 MIN

POUR 8 MINI-BROCHETTES

> 8 crevettes
> un morceau de gingembre (3 cm)
> 1 gousse d'ail
> 4 cuill. à soupe de chutney à la mangue
> 4 cuill. à soupe de sauce soja
> 2 cuill. à soupe de nuoc-mâm
> 8 aiguillettes de poulet
> 1 bouquet de coriandre
> sel et poivre du moulin

> piques à brochette

Décortiquez les crevettes : retirez leur tête et la totalité de la carapace. Épluchez et râpez le gingembre. Pelez et pressez l'ail.

Préparez la marinade. Dans saladier, versez le chutney, la sauce soja et le nuoc-mâm. Mélangez bien. Ajoutez l'ail, le gingembre et mélangez à nouveau. Mettez les crevettes et les aiguillettes de poulet dans la marinade, retournez-les pour bien les enrober. Laissez mariner 5 minutes.

Pendant ce temps, ciselez la coriandre.

Embrochez les aiguillettes de poulet en les faisant sinuer comme des serpents et ajoutez 1 crevette par brochette.

Parsemez de coriandre et faites cuire 10 minutes au barbecue ou à la poêle. Parsemez à nouveau de coriandre et servez aussitôt.

Pour déguster ces brochettes en plat principal, prévoyez 3 aiguillettes de poulet par personne ainsi que du riz thaï.

Si vous n'avez pas de coppa, vous pouvez utiliser de la pancetta ou du jambon de Parme. L'important est que les tranches soient coupées très finement. En guise de piques, utilisez des tiges de sauge ou de romarin, et le dépaysement sera total !

Gambas grillées comme en Sicile

PRÉPARATION : 10 MIN

MARINADE : 10 MIN

CUISSON : 10 MIN

POUR 12 MINI-BROCHETTES

> 12 gambas crues
> 2 gousses d'ail
> 1 petit bouquet de basilic
> 3 cuill. à soupe d'huile d'olive
> 12 tranches de coppa très fines
> sel et poivre du moulin

> piques à brochette

Décortiquez les gambas : retirez leur tête et la totalité de la carapace. Pelez l'ail et pressez-le. Hachez grossièrement les feuilles de basilic.

Préparez la marinade. Dans un saladier, mettez l'huile d'olive, l'ail et le basilic. Ajoutez les gambas, retournez-les pour bien les enrober de marinade. Laissez mariner 10 minutes.

Enroulez chaque gamba dans une fine tranche de coppa. Préparez les brochettes en piquant 1 gamba sur chaque bâtonnet de sorte que les tranches de coppa tiennent bien.

Faites cuire les brochettes 10 minutes au barbecue, à la plancha, au four (200 °C ; therm. 6-7) ou à la poêle. Servez-les aussitôt.

Si vous souhaitez les déguster en plat, prévoyez 6 gambas par personne et servez-les accompagnées de linguine (sorte de spaghettis plats) mélangées à la marinade restante.

Saviez vous que le safran, ce sont en fait les pistils du crocus ? Extrêmement fragile, cette épice est la plus chère au monde car la plus difficile à récolter. Si vous n'avez pas de safran en pistils, employez du safran en poudre : 1 pincée suffit.

Fruits de mer grillés à l'andalouse

PRÉPARATION : 10 MIN

MARINADE : 10 MIN

CUISSON : 5 MIN

POUR 12 MINI-BROCHETTES

> 6 moules fraîches ou surgelées
> 6 crevettes fraîches ou surgelées
> 1 petit calamar
> 1 gousse d'ail
> 4 cuill. à soupe d'huile d'olive
> 1 pincée de pistils de safran
> 1/2 poivron rouge
> 1/2 poivron jaune
> 6 tranches de chorizo fort
> sel et poivre du moulin

> piques à brochette

Nettoyez les moules, décortiquez les crevettes. Rincez bien le calamar et coupez-le en anneaux. Pelez l'ail et pressez-le.

Dans un saladier, mélangez l'huile d'olive, le safran et l'ail. Ajoutez les moules, les crevettes et les anneaux de calamar et mélangez pour que la marinade enrobe bien les fruits de mer. Salez et poivrez. Laissez mariner 10 minutes en mélangeant de temps à autre.

Lavez les poivrons et coupez-les en cubes.

Retirez les fruits de mer de la marinade et embrochez-les sur les piques à brochette en alternant avec les poivrons et les tranches de chorizo.

Faites cuire les brochettes pendant 5 minutes à la poêle, au barbecue ou à la plancha. Servez aussitôt.

Si vous souhaitez les déguster en plat principal, préparez un riz pilaf au safran et vous aurez ainsi une paella express !

Prévoyez des huîtres creuses bien charnues, pour pouvoir les enrouler aisément dans le jambon de Bayonne. Vous pouvez réaliser les mêmes brochettes avec des moules ou des coques.

Huîtres et jambon du Pays basque

PRÉPARATION : 20 MIN

CUISSON : 2 OU 3 MIN

POUR 12 MINI-BROCHETTES

> 12 huîtres creuses (taille 1 ou 2)
> 6 fines tranches de jambon de Bayonne
> quelques pincées de piment d'Espelette

> piques à brochette

Ouvrez les huîtres, retirez la première eau et détachez la chair de la coquille. Coupez le jambon de Bayonne en fines lanières dans la longueur.

Enroulez les lanières de jambon autour des huîtres. Assaisonnez-les de piment d'Espelette. Montez les brochettes en tâchant de bien faire tenir les lanières de jambon sur les huîtres.

Faites cuire les brochettes au barbecue ou à la plancha pendant 2 ou 3 minutes, pas plus sinon les huîtres deviendraient caoutchouteuses. Servez aussitôt.

Le « supion » est l'un des surnoms régionaux de la seiche. Pour ces brochettes, choisissez-les petits. Si vous les avez achetés frais, faites-les préalablement blanchir 10 minutes dans de l'eau bouillante. S'ils sont surgelés, ne le faites pas, ils deviendraient minuscules.

Supions en persillade

PRÉPARATION : 15 MIN

MARINADE : 10 MIN

CUISSON : 10 MIN

POUR 12 MINI-BROCHETTES ENVIRON

> 2 douzaines de supions (petites seiches), frais ou décongelés
> 1 oignon blanc
> 2 gousses d'ail
> 1 bouquet de ciboulette
> 1/2 bouquet de persil
> 2 citrons
> 4 cuill. à soupe d'huile d'olive
> sel et poivre du moulin

> piques à brochette

Rincez bien les supions à l'eau claire.

Pelez l'oignon et les gousses d'ail. Hachez finement l'oignon et pressez l'ail. Ciselez finement la ciboulette et le persil. Pressez les citrons.

Préparez la marinade. Versez l'huile dans un saladier, ajoutez les herbes, l'oignon et l'ail, puis les supions et le jus de citron ; mélangez. Salez, poivrez et laissez mariner pendant 10 minutes en mélangeant régulièrement.

Montez les brochettes en enfilant 2 supions par pique. Faites-les cuire 10 minutes au barbecue, à la plancha ou à la poêle.

Si vous souhaitez déguster ces brochettes en plat principal, prévoyez 150 g de supions frais par personne. Servez-les alors arrosés d'un trait de jus de citron et accompagnés d'une salade bien fraîche de tomate, concombre et oignons blancs, assaisonnée à l'huile et au citron.

Choisissez des légumes gorgés de soleil et sucrés qui ne demandent qu'à fondre sous le feu du barbecue.

Échine grillée aux légumes du Midi

PRÉPARATION : 15 MIN

MARINADE : 10 MIN

CUISSON : 10 MIN

POUR 8 MINI-BROCHETTES

> 2 artichauts poivrade
> 1 poivron rouge
> 1 poivron jaune
> 2 oignons de Provence
> 2 petites courgettes vertes
> 400 g d'échine de porc
> 4 cuill. à soupe d'huile d'olive
> 4 cuill. à café de thym frais
> sel et poivre du moulin

> piques à brochette

Supprimez les tiges des artichauts, retirez les feuilles trop sèches. Coupez chaque artichaut en quatre. Détaillez les poivrons en carrés et les oignons en quartiers. Coupez les courgettes en rondelles de 1 ou 2 cm d'épaisseur, puis en quartiers. Découpez la viande en cubes de 2 cm de côté.

Préparez la marinade. Dans un saladier, versez l'huile d'olive, ajoutez le thym, les légumes et la viande ; salez et poivrez. Retournez tous les ingrédients pour bien les enrober de marinade. Recouvrez le saladier de film alimentaire et laissez mariner 10 minutes au frais.

Enfilez sur chaque pique 1 cube de viande entouré de morceaux de légumes. Faites-les cuire 15 minutes au barbecue, à la poêle ou au four (200 °C ; therm. 6-7). Servez chaud.

Pour déguster l'échine grillée en plat principal, prévoyez 100 g de viande par personne et servez les brochettes avec une bonne salade de tomates et d'oignons assaisonnée à l'huile d'olive et au citron.

En parcourant la côte adriatique, on découvre de nombreuses recettes de brochettes (ou « cevap-cici ») à la viande. Selon les traditions locales et les religions des pays, on les prépare avec du bœuf, du porc ou du veau. Utilisez la viande de votre choix, mais assaisonnez-la bien et ajoutez des herbes que vous aimez.

Cevap-cici comme à Dubrovnik

PRÉPARATION : 25 MIN
CUISSON : 25 MIN

POUR 8 MINI-BROCHETTES
> 1 oignon rouge
> 1 gousse d'ail
> 250 g de viande de porc hachée
> 250 g de viande de veau hachée
> 1 cuill. à café de sel
> 1 tour de moulin de poivre
> 1 cuill. à café rase de paprika
> 1 cuill. à café rase de cumin
> 2 ou 3 branches de thym
> 1 œuf
> 2 cuill. à soupe d'huile

Pour la sauce Hajvar
> 1/2 aubergine coupée dans la longueur
> 1 poivron rouge
> 1 poivron jaune
> 1 gousse d'ail
> 1/2 petit piment rouge
> 2 cuill. à soupe d'huile d'olive

> piques à brochette

Préparez la sauce (vous pouvez le faire à l'avance, car elle se sert froide). Préchauffez le four à 200 °C (therm. 6-7). Faites des incisions en quadrillage dans l'aubergine, côté chair. Déposez l'aubergine et les poivrons sur la plaque du four et faites-les griller environ 15 minutes. Quand les poivrons sont bien grillés, enfermez-les dans un sac en plastique pour que la peau se décolle. Retirez la peau des poivrons dès qu'ils sont devenus tièdes. Lorsque l'aubergine est grillée, sortez-la du four et prélevez la chair à l'aide d'une cuillère. Mixez ensemble la chair de l'aubergine, la chair des poivrons, la gousse d'ail pelée, le piment et l'huile d'olive. Si la sauce a une consistance trop ferme, ajoutez un peu d'huile d'olive.

Préparez les mini-brochettes. Pelez l'oignon et l'ail. Émincez l'oignon et pressez l'ail. Dans un saladier, mélangez les viandes ajoutez l'oignon, l'ail, le sel, le poivre, les épices et le thym. Incorporez l'œuf entier en malaxant avec une spatule pour que l'ensemble soit bien homogène.

Prenez 1 cuillerée à soupe de mélange dans le creux de la main et faites des petites boulettes régulières de la taille d'une noix (vous en obtiendrez 24 environ). Aplatissez-les un peu. Enfilez 3 boulettes sur chaque pique. Faites cuire 10 minutes sur le barbecue ou à la plancha.

Servez avec la sauce Hajvar froide.

Voici une variante d'une recette américaine, traditionnellement cuisinée pour les fêtes de Thanksgiving. La recette originale prévoit un jambon entier, à manger en famille !

Jambon laqué au miel et à l'orange

PRÉPARATION : 10 MIN
MARINADE : 10 MIN
CUISSON : 5 MIN

POUR 8 MINI-BROCHETTES

> 1 talon de jambon de 2 cm d'épaisseur
> 20 cl de miel liquide
> 1 jus d'orange
> 2 clous de girofle en poudre
> 1 orange
> sel et poivre du moulin

> piques à brochette

Découpez le talon de jambon en cubes de 2 cm de côté.

Préparez la marinade. Dans un saladier, versez le miel et le jus d'orange, ajoutez les clous de girofle puis salez et poivrez. Déposez les cubes de jambon dans la marinade, mélangez pour bien les enrober. Laissez mariner 10 minutes.

Lavez bien l'orange. Détaillez-la en fines tranches, puis coupez celles-ci en deux.

Enfilez 1 cube de jambon et 1 demi-tranche d'orange sur chaque pique.

Faites cuire au barbecue ou au four (160 °C ; therm. 5-6). À mi-cuisson, laquez le dessus des brochettes à l'aide d'un pinceau avec la marinade restante puis retournez-les et laquez l'autre côté. Servez chaud.

Si vous souhaitez réaliser la recette originale, prévoyez un jambon à braiser pour 12 personnes, une douzaine de clous de girofle (à réduire en poudre), 250 cl de miel et le jus de 3 oranges. Faites cuire le jambon au four à feu moyen (150-160 °C ; therm. 4-5) pendant 1 heure en le laquant régulièrement pour qu'il dore sans se dessécher. Servez-le avec des tranches d'orange crues en accompagnement.

Parmi les traditionnelles brochettes japonaises, il en existe une délicieuse au fromage que l'on entoure d'une fine tranche de bœuf mariné dans la sauce soja. Ces brochettes dégoulinantes sont inspirées de cette recette asiatique mais se préparent avec des ingrédients bien de chez nous : tomme de Savoie et raclette !

Brochettes de fromage, presque en raclette

PRÉPARATION : 10 MIN

CUISSON : 5 MIN

POUR 8 MINI-BROCHETTES

> 100 g de fromage à raclette
> 100 g de tomme de Savoie (ou d'emmental ou de morbier)
> 50 g de carpaccio de bœuf (ou de veau ou de canard)
> 8 tranches fines de poitrine fumée
> 20 cl de vinaigre balsamique

> piques à brochette

Coupez la raclette et la tomme en bâtonnets de 5 mm d'épaisseur ; leur taille doit correspondre à la largeur des tranches de viande et de poitrine fumée. Enroulez chaque bâtonnet de fromage dans une tranche de viande. Enfilez sur une brochette, en piquant dans la longueur du fromage.

Versez le vinaigre balsamique dans un bol. Trempez rapidement chaque brochette dans le vinaigre. Faites cuire 5 minutes au barbecue, au four (180 °C ; therm. 6) ou à la poêle. Le fromage va dégouliner à chaque extrémité du rouleau de viande. Servez les brochettes bien chaudes.

Pour une version encore plus savoyarde de cette recette, vous pouvez déguster ces brochettes avec des pommes de terre en robe des champs, des cornichons et des petits oignons au vinaigre. Vous aurez préparé une raclette express !

Vous pouvez remplacer les piques à brochette par des tiges de sauge, si vous en possédez dans votre jardin. Cela apportera aux brochettes une note savoureuse et rendra leur présentation plus originale.

Brochettes de magret aux raisins

PRÉPARATION : 15 MIN

CUISSON : 10 MIN

POUR 8 MINI-BROCHETTES

> 1 magret de canard frais
> 8 grains de raisin blanc
> sel et poivre du moulin

> piques à brochette

Découpez le magret en 8 tranches de 1 cm d'épaisseur en conservant le gras. Ne retirez surtout pas ce dernier : en fondant à la cuisson, il donnera aux brochettes des saveurs supplémentaires.

Rincez bien les grains de raisin. Enroulez chacun d'eux dans une tranche de magret.

Préparez 8 petites brochettes en piquant les grains de raisin de sorte à bien fixer les tranches de magret. Salez et poivrez. Faites cuire 10 minutes au barbecue, à la poêle ou à la plancha, en commençant par le côté gras.

Si vous souhaitez déguster ces brochettes en plat principal, prévoyez un demi-magret par personne et servez les brochettes accompagnées de tranches de pomme sautées au beurre, légèrement caramélisées.

Utilisez un pain d'épices ou un cake aux fruits secs comme support pour piquer ces brochettes de fête. Si la mangue forme une belle alliance avec le foie gras, d'autres fruits s'y prêtent aussi bien : des raisins blancs bien sucrés, des figues ou des fruits séchés (pruneaux, dattes, figues ou abricots).

Foie gras sur son 31 !

PRÉPARATION : 15 MIN

CUISSON : 5 MIN ENVIRON

POUR 8 MINI-BROCHETTES

> 150 g de foie gras cru de canard
> 1 belle mangue bien mûre
> 8 pincées de piment d'Espelette
> 4 tranches très épaisses de pain d'épices
> fleur de sel

> piques à brochette

Découpez le foie gras en tranches de 1,5 cm d'épaisseur puis en petits cubes. Pelez la mangue et détaillez-la en cubes de taille équivalente au foie gras.

Préparez 8 petites brochettes en alternant foie gras frais et mangue. Assaisonnez-les avec le piment d'Espelette.

Faites-les cuire rapidement à feu vif à la poêle ou à la plancha. Épongez-les rapidement sur du papier absorbant, car le foie rejette beaucoup de graisse.

Coupez chaque tranche de pain d'épices en deux. Piquez les brochettes dans le pain d'épices. Parsemez-les de fleur de sel. Dégustez-les rapidement car la graisse de foie gras fige très vite.

À défaut de foie gras cru, préparez les brochettes avec du foie gras cuit. Dans ce cas, nul besoin de cuisson, mais il faudra mettre les brochettes au frais avant de les servir.

Il existe des glaçages yakitori tout prêts dans le commerce, très pratiques. Comme ils sont souvent très épais, n'hésitez pas à les détendre avec un peu de sauce soja. Et, si cela vous tente, vous pouvez préparer la même recette avec du thon ou du saumon frais.

Poulet et canard yakitori au sésame

PRÉPARATION : 10 MIN

MARINADE : 10 MIN

CUISSON : 15 MIN ENVIRON

POUR 8 MINI-BROCHETTES

> 10 cl de saké
> 10 cl de sauce soja
> 40 g de sucre en poudre
> 2 pincées de sel
> 2 blancs de poulet
> 2 filets de canard
> 2 cuill. à soupe de graines de sésame

> piques à brochette

Préparez le glaçage yakitori. Dans une petite casserole, faites bouillir le saké. Ajoutez la sauce soja, baissez le feu et laissez cuire jusqu'au frémissement. Ajoutez ensuite le sucre, laissez-le fondre puis faites réduire le tout jusqu'à ce que le glaçage devienne épais. Ôtez la casserole du feu, versez le glaçage dans un saladier et laissez refroidir.

Découpez les blancs de poulet et les filets de canard en cubes de 2 cm de côté. Déposez-les dans le yakitori et laissez mariner 10 minutes.

Enfilez les cubes sur les piques à brochette. Roulez chaque brochette dans les graines de sésame.

Faites cuire les brochettes 10 minutes au barbecue ou à la poêle, en remettant du glaçage yakitori en milieu de cuisson. Servez chaud.

Pour déguster cette recette en plat principal, prévoyez 1 demi-blanc de poulet et 1 demi-filet de canard par personne et servez avec des pois gourmands à la vapeur.

Les épices tikka sont un mélange indien de poudres de cumin, de coriandre, de piment, de gingembre râpé et de poivre noir… Elles sont vendues dans les rayons exotiques des supermarchés ou dans les magasins spécialisés en épices. Si vous n'en trouvez pas, réalisez votre propre mélange avec les épices que vous avez chez vous.

Poulet tikka

PRÉPARATION : 10 MIN

MARINADE : 24 H

CUISSON : 10 MIN

POUR 8 MINI-BROCHETTES

> 4 blancs de poulet bien épais
> un morceau de gingembre (4 cm)
> 2 gousses d'ail
> 2 oignons blancs
> 1 yaourt brassé nature
> 2 cuill. à café d'épices indiennes tikka
> 2 cuill. à soupe d'huile d'arachide
> jus de 1 citron vert

> piques à brochette

La veille. Découpez le poulet en cubes de 2 cm de côté environ. Pelez et râpez le gingembre. Pressez l'ail et émincez 1 oignon.

Préparez la marinade. Dans un saladier, versez le yaourt, les épices tikka, mélangez bien. Ajoutez le gingembre, l'ail, l'oignon émincé, l'huile et le jus du citron vert. Déposez les cubes de poulet dans le saladier en veillant à ce qu'ils soient bien recouverts de marinade. Couvrez de film alimentaire et placez la marinade dans le bas du réfrigérateur pendant 24 heures.

Le jour même. Coupez l'oignon restant en quartiers. Montez 4 brochettes en alternant poulet et oignon. Faites-les cuire au barbecue 10 minutes.

Dégustez en trempant les brochettes dans les sauces traditionnelles indiennes, comme la sauce à la menthe, ou dans un chutney de mangue.

Le poulet tikka peut constituer un plat principal ; dans ce cas, prévoyez 1 blanc de poulet par personne et servez avec du riz basmati parsemé de pétales de fleurs séchés.

Pour cette recette, remplacez les piques en bois par de longs et fins bâtons de cannelle. C'est encore meilleur ! Mais attention à vos doigts : retirez les brochettes du feu avec une pince car le bâton de cannelle transmet la chaleur !

Autruche à la sud-africaine

PRÉPARATION : 15 MIN

MARINADE : 1 H

CUISSON : 10 MIN

POUR 8 MINI-BROCHETTES

> 400 g de filet d'autruche (ou de filet de bœuf)
> 1 grappe de raisin blanc à gros grains
> 4 cuill. à soupe d'huile d'olive
> 2 cuill. à café de piment de Cayenne
> 2 cuill. à café de coriandre en poudre
> 2 cuill. à café de cumin en poudre
> 1 cuill. à café de cannelle en poudre
> sel

> piques à brochette

Coupez la viande en cubes de 2 cm de côté environ. Lavez et égrainez le raisin.

Dans un saladier, versez l'huile, les épices et du sel ; mélangez bien. Ajoutez les cubes de viande et les grains de raisin, retournez-les plusieurs fois pour bien les enrober d'huile épicée. Couvrez le saladier de film alimentaire et laissez mariner au réfrigérateur pendant 1 heure.

Montez les brochettes en alternant viande et raisin. Faites-les cuire 10 minutes au barbecue ou à la plancha. Servez aussitôt.

Pour déguster ces brochettes en plat principal, prévoyez 150 g de viande par personne et proposez en même temps un riz pilaf aux raisins secs et aux amandes.

Si vous avez du romarin frais dans votre jardin, sacrifiez quelques belles branches pour en faire des piques. Les fruits seront encore plus parfumés et les brochettes d'autant plus belles. Vous pouvez réaliser ces brochettes avec tous les fruits d'été à noyau : abricots, pêches, brugnons, prunes…

Fruits d'été au romarin

PRÉPARATION : 5 MIN

CUISSON : 10 MIN

POUR 8 MINI-BROCHETTES

> 2 abricots ou 2 prunes de bonne taille
> 20 g de beurre
> 8 cuill. à café de miel
> 1 branche de romarin frais à effeuiller

> piques à brochette ou branchettes de romarin

Lavez bien les fruits, dénoyautez-les et coupez-les en quatre.

Enfilez chaque quartier de fruit sur une pique à brochette ou sur une branchette de romarin.

Dans une poêle, mettez à fondre le beurre et faites-y revenir les brochettes pendant 3 ou 4 minutes (selon la taille des fruits), en les retournant régulièrement. Retirez les brochettes du feu, posez-les dans une assiette et versez une larme de miel sur chaque quartier de fruit. Parsemez de feuilles de romarin ciselées.

(Vous pouvez également faire dorer les fruits en les plaçant quelques minutes sous le gril du four. Dans ce cas, ajoutez le miel avant la cuisson.)

Dégustez les brochettes tièdes avec un sorbet ou une crème anglaise bien froide.

Choisissez des fruits de saison bien sucrés et mûrs à point. Vous pourrez saupoudrer les brochettes de grué de cacao (fèves de cacao torréfiées et réduites en éclats) pour son côté croquant.

Brochettes de fruits de saison aux deux chocolats

PRÉPARATION : 15 MIN

INFUSION : 15 MIN ENVIRON

CUISSON : 10 MIN

POUR 10 MINI-BROCHETTES

> 500 g de fruits de saison (ananas, kiwis, mandarines, litchis en hiver, fraises, framboises, abricots en été)

Pour la crème au chocolat

> 100 g de chocolat noir
> 15 cl de lait
> 20 cl de crème liquide

Pour la crème au chocolat et à la lavande

> 15 cl de crème liquide
> 10 g de fleurs de lavande séchée (alimentaire, non traitée)
> 100 g de chocolat blanc

> piques à brochette

Lavez les fruits et coupez-les en quartiers ou en rondelles. Embrochez-les sur les piques à brochette en les alternant.

Préparez la crème au chocolat. Coupez le chocolat en petits morceaux ou râpez-le. Mettez l'ensemble des ingrédients dans une casserole et faites fondre au bain-marie à feu doux. Remuez. La crème est prête lorsque l'ensemble est bien fondu.

Préparez la crème au chocolat et à la lavande. Dans une casserole, portez à ébullition la crème liquide. Ôtez du feu, ajoutez la lavande et faites-la infuser jusqu'à ce que la crème en prenne le goût (15 minutes devraient suffire). Passez le mélange au chinois pour retenir les fleurs. Coupez le chocolat blanc en petits morceaux ou râpez-le. Faites à nouveau tiédir la préparation à la lavande et versez-la sur le chocolat râpé. Remuez, ajoutez quelques fleurs de lavande non infusées.

Servez les brochettes arrosées de l'une ou l'autre crème, tiède, ou bien proposez les crèmes à part pour que chacun puisse se servir à sa guise.

Voici deux versions revisitées de la classique banane grillé au barbecue. Dans la première, pour accentuer la saveur sucrée-salée, n'hésitez pas à utiliser du beurre salé avec des cristaux de sel.

Mini-bananes à la cannelle et au beurre salé

PRÉPARATION : 5 MIN
CUISSON : 10 MIN

POUR 8 MINI-BROCHETTES

> 4 mini-bananes
> 8 cuill. à café de cassonade
> cannelle en poudre
> 40 g de beurre demi-sel

> piques à brochette

Lavez les bananes et, sans les peler, coupez-les en deux dans la longueur.

Sur chaque demi-banane, répartissez côté chair 1 cuillerée à café de cassonade, 1 pincée de cannelle et 1 noisette de beurre.

Enfilez les bananes sur les piques à brochette en les transperçant sur toute leur longueur. Faites cuire sur la plaque du four préchauffé à 200 °C (therm. 6-7) ou au barbecue pendant 10 minutes, uniquement du côté peau. Servez aussitôt.

Mini-bananes à la vanille et au rhum

PRÉPARATION : 5 MIN
CUISSON : 10 MIN

POUR 8 BROCHETTES

> 4 mini-bananes
> 8 cuill. à café de rhum brun
> sucre vanillé

> piques à brochette

Lavez les bananes et, sans les peler, coupez-les en deux dans la longueur.

Sur chaque demi-banane, répartissez côté chair 1 cuillerée à café de rhum et 1 pincée de sucre vanillé.

Enfilez les bananes sur les piques à brochette en les transperçant sur toute leur longueur. Faites cuire sur la plaque du four préchauffé à 200 °C (therm. 6-7) ou au barbecue pendant 10 minutes, uniquement du côté peau. Servez aussitôt.

La badiane exhale un parfum qui se marie parfaitement à la réglisse. Aussi, n'hésitez pas à utiliser des bâtons de réglisse en guise de piques à brochette. Pour obtenir un goût encore plus prononcé, râpez un peu de réglisse sur l'ananas juste avant la cuisson.

Ananas caramélisé à la badiane

PRÉPARATION : 10 MIN
INFUSION : 1 H ENVIRON
CUISSON : 5 MIN

POUR 4 MINI-BROCHETTES

> 20 cl d'eau
> 250 g de sucre en poudre
> 4 étoiles de badiane (anis étoilé)
> 1 ananas Victoria

> piques à brochette ou bâtons de réglisse

Préparez un sirop. Dans une casserole, mettez l'eau et le sucre, portez à ébullition puis stoppez le feu. Ajoutez la badiane et laissez infuser jusqu'à refroidissement.

Pelez l'ananas et retirez les « yeux ». Coupez-le en quartiers. Enfilez chaque quartier sur une pique à brochette (ou sur un bâton de réglisse). À l'aide d'un pinceau, nappez l'ananas de sirop à la badiane. Répétez cette opération plusieurs fois pendant 1 heure pour que l'ananas soit confit dans le sirop.

Faites caraméliser les brochettes au barbecue ou à la plancha pendant 5 minutes en continuant à les napper régulièrement de sirop. Servez chaud ou froid.

Deux modes de cuisson sont possibles pour ces mini-bricks : dans une poêle légèrement beurrée ou sous le gril du four. Dans tous les cas, retournez régulièrement les brochettes pour qu'elles soient dorées et croustillantes de tous les côtés.

Bricks bananella

PRÉPARATION : 10 MIN

CUISSON : 4 OU 5 MIN

POUR 8 MINI-BROCHETTES

> 25 g de beurre
> 2 feuilles de brick
> 2 bananes
> pâte à tartiner à la noisette
> amandes effilées

> piques à brochette

Faites fondre le beurre quelques secondes au four à micro-ondes. À l'aide d'un pinceau, badigeonnez-en les feuilles de brick. Coupez chaque feuille en quatre, puis chaque quartier en deux.

Pelez les bananes. Tranchez-les en 8 tronçons.

Placez 1 morceau de banane à la base de chaque triangle de brick, ajoutez 1 noisette de pâte à tartiner et 1 pincée d'amandes effilées. Repliez les deux côtés du triangle sur la banane, puis roulez la banane sur elle-même, vers le sommet du triangle.

Enfilez 2 mini-bricks par brochette. Faites cuire les brochettes 4 ou 5 minutes à la poêle ou sous le gril du four en les retournant régulièrement. Servez-les bien chaudes.

Pour cette recette, rien de plus simple, une balade, des copains, un feu de camp, des marshmallows et des piques en bois trouvées sur le chemin. Ces marshmallows se dégustent autour du feu, une fois qu'on a chanté des chansons d'enfance, mais à défaut d'un feu de camp, une cheminée ou un barbecue feront l'affaire.

Marshmallows grillés au feu de bois

PRÉPARATION : 1 MIN

CUISSON : 2 MIN

POUR 10 MINI-BROCHETTES ENVIRON

> une vingtaine de marshmallows de couleurs différentes
> vermicelles de chocolat
> noix de coco râpée

Pour la sauce au chocolat

> 100 g de chocolat noir
> 10 cl de crème liquide
> 1 cuill. à café de gingembre en poudre (facultatif)

> piques à brochette

Préparez la sauce au chocolat. Mettez à fondre le chocolat doucement dans un bain-marie. Lorsqu'il est fondu, ajoutez la crème liquide et le gingembre, remuez bien.

Enfilez chaque marshmallow sur une pique et laissez fondre et « grilloter » au-dessus du feu. Trempez-les dans la sauce au chocolat ou passez-les dans les vermicelles de chocolat ou dans de la noix de coco râpée.

TABLE DES ÉQUIVALENCES FRANCE-CANADA

POIDS

55 g	2 onces	200 g	7 onces	500 g	17 onces
100 g	3 onces	250 g	9 onces	750 g	26 onces
150 g	5 onces	300 g	10 onces	1 kg	35 onces

Ces équivalences permettent de calculer, à quelques grammes près, le poids (en réalité, 1 once = 28 g).

CAPACITÉS

25 cl	1 tasse	75 cl	3 tasses
50 cl	2 tasses	1 l	4 tasses

Pour faciliter la mesure des capacités, une tasse équivaut ici à 25 cl (en réalité, 1 tasse = 8 onces = 23 cl).

Remerciements de l'auteur
Je remercie ma chouette famille de m'avoir toujours encouragée dans mes projets, d'avoir testé ces recettes et bien d'autres encore. Un grand merci à Stephen pour ses merveilleux pounces quotidiens et à la petite Alice pour son intervention au milieu de ce livre !
Je remercie également Philippe pour sa vision, Nathalie pour sa clairvoyance, Sabrina, Véro, Gorana, Sabina, Delphine, Céline, Ghislaine et toute la bande d'avoir suivi mes changements et d'y avoir cru.
Un grand merci aux marques qui ont fourni la plupart des jolis plats vus dans cet ouvrage :
Habitat, à retrouver sur www.habitat.fr, et au 35 avenue de Wagram, 75017 Paris,
Lafayette Maison, à retrouver sur www.galerieslafayette.fr, et au 35 boulevard Haussmann, 75009 PARIS.

Direction éditoriale Véronique de Finance-Cordonnier
Édition Ewa Lochet
Direction artistique Emmanuel Chaspoul
Mise en pages Cynthia Savage
Lecture-correction Christine Jost
Couverture Véronique Laporte
Fabrication Annie Botrel

ISBN : 978-2-03-584145-2

Photogravure Turquoise, Émerainville
Imprimé en Chine par Starlite Printers Ltd
Dépôt légal : septembre 2009
302184/02 – 11009394 octobre 2009